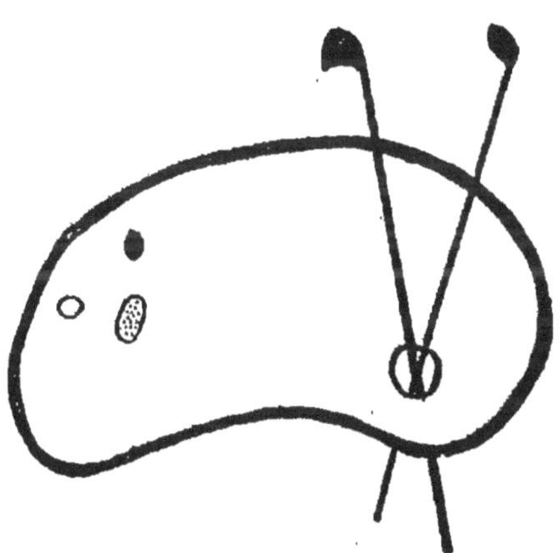

ORIGINAL EN COULEUR
NF Z 43-120-8

VALABLE POUR TOUT OU PARTIE DU
DOCUMENT REPRODUIT

58 1852 (24 décembre)

yd 1
8°

543-73

Transport at l'Hotel charette   2.50

E main et papier pour obtenir   .9 50

valeur des objets   2

CATALOGUE

DE

PLANCHES GRAVÉES

CUIVRE ET ACIER

DESSINS SUR PIERRES

LITHOGRAPHIQUES

ESTAMPES

ANCIENNES ET MODERNES

Par suite de cessation de commerce de M. P.....

DONT LA VENTE AURA LIEU

HOTEL DES COMMISSAIRES-PRISEURS

Rue Drouot, n° 5

Salle n. 5 bis, au 1er

LE JEUDI **24** DÉCEMBRE **1857**, A **1** HEURE PRÉCISE.

Par le ministère de Me **DELBERGUE-CORMONT**, Commis^{re}-
Priseur, 8, rue de Provence.

Assisté de M. **VIGNÈRES**, marchand d'Estampes,
rue de la Monnaie, 13, à l'entresol; entrée rue Baillet, 1.
Chez lequel se distribue le présent Catalogue.

On pourra voir les Épreuves des Planches, de midi à une heure,
avant la vente.

PARIS

RENOU ET MAULDE

IMPRIMEURS DE LA COMPAGNIE DES COMMISSAIRES-PRISEURS,

rue de Rivoli, 14^h

1857

CONDITIONS DE LA VENTE.

Elle sera faite au comptant.

Les acquéreurs payeront cinq pour cent, en sus des adjudications, applicables aux frais.

DÉSIGNATION

DES

PLANCHES GRAVÉES

CUIVRE ET ACIER.

1 AB. L'Étang de Fausse, repos près Versailles.
Salon 1834. Cuivre.

2 **Aubert** père, d'après *Cabat*. Le Samaritain.
Salon 1840. Acier.

3 **Bertonnier**. Portrait de Rossini. Acier.

4 **Boisselat** 1833. Josquin Després. Cuivre.

5 **Célestin Nanteuil**. Dina la belle Juive. Cuivre.

6 — Fuite en Egypte. Cuivre.

7 **Delacroix** (Eugène). Tigre couché, eau-forte.
Acier.

8 **Desclaux** (Victor). Le Moine en prière, d'après
Zurbaran. Manière noire rehaussée d'eau forte,
planche d'acier.

9 **Desmadril**, d'ap. *Colin*. La bonne Conscience.
Salon 1840. Acier.

10 **Dien**, d'ap. *Coignet*. Napoléon et sa Mère. Pièce
ronde. Cuivre.

11 **Feuchère**. Jeanne d'Arc, statue. Salon 1835.
Cuivre.

12 **Girardet** (Paul). La Bénédiction paternelle, d'ap. *Ed. Girardet*. Acier.

13 **Léon Noël**. Portrait de Mme N... Salon 1835. Eau-forte. Cuivre.

14 **Louis Leroy** 1834. Carrière abandonnée près le Petit-Andely (Eure). Cuivre.

15 **Lucas**. Le Matin. Acier.

16 **Marvy**, d'ap. *Cabat*. Intérieur de Forêt. Salon 1841. Acier.

17 — Paysage en hauteur, avec de beaux arbres, charrette sur la route. Vernis mou, planche non publiée. Acier.

18 **Perlet** (P.). Le Réfectoire des frères Chartreux. Salon 1834. Cuivre.

19 — Le Cimetière de la Grande-Chartreuse. Salon 1835. Cuivre.

20 **Prevost**, d'ap. *Charlet*. Les Ivrognes. Acier.

21 **Raffort** (E.) 1834. Vue de Saint-Malo à marée basse. Salon de 1834. Cuivre.

22 — Chaumière en Bourgogne. Cuivre.

23 **Steuben** (d'ap.). Jeanne la Folle attendant la résurrection de son mari. Cuivre.

24 **Varin** (Amédée). Assemblée de protestants surprise par des troupes catholiques, d'ap. *Karl Girardet*. Acier.

DESIGNATION

DES

ESTAMPES

---

40 **Allais**, d'ap. Lepaulle. Géorgina.

41 — D'ap. Duval Lecamus. Les Réfractaires.

42 **Anselin**, d'ap. Monsiau. Molière lisant son *Tartuffe* chez Ninon.

43 **L'Artiste**. Nombre de Pièces gravées et lithographiées, sujets divers, paysages, portraits, eaux-fortes; Calame, Marvy, Decamps, Diaz, Roqueplan, Johannot, Léopold Robert, etc., etc., formera plusieurs lots.

44 **Audran** (G.), d'ap. Raphaël. Amours voltigeant dans des angles de voûtes. 14 p.

45 **Balechou**, d'ap. J. Vernet. Le Calme et la Tempête. Épreuves sans les raies, 2 p.

46 **Bayot**. Scène des Bals masqués.

47 **Bellin**. La Cérès anglaise.

48 **Bonarotti** (Michel-Ange). Jugement dernier. 3 p. de formats différents.

49 **Bonington** 1827. Embouchure de la rivière de Caxocra, d'ap. Rugendas. Belle ép., rare.

50 **Boucher** (d'ap.). Les Amants surpris. — Les Bacchantes endormies. — L'agréable Leçon, etc. — 4 p.

42, pierru	3 .75	50 pierru	2 75	50 pierru	2
45 pierru	3	50 pierru	2 50	50 pierru	2
36 Gavarni	2 75	50 p. —	4 25	50 Titiu	3
50 artiste	2 50	50 — p.	3 75		
50 pierru	2 75	50 Vign.	4 50		

Produit de la Vente ... 543 75

Insertion au gratis	8	10
Affiches et afficheur	20	50
Catalogues	40	
Distribution		10
Déclaration	1	70
Timbre	8	50
Enregistrement	15	85
Bourse commune	17	40
Honoraires de Bourges	17	40
Honoraires Vignaux	17	40
Clerc et Crieur	12	
Commissionnaire	5	
Salle	11	80
Gratification	3	
	182	65
Déduction des 5 %	27	20	155	45

3 Rossini planche d'acier   1
43 Artiste 50 p.   4 5
55 Cathelin la mauvaise nouvelle   1
61 Sancho.   1
65 Desnoyers François 1.   M. Prior   3
67. 68. Lambton, Gypsy   1
70 Diane et les nymphes   1
79 Girardet — coup de vent   1
81 Huet 2 pièces en couleur   1
88 22. Eng. Lami l'été et l'hiver à Paris   2
89 Laugier Napoléon   2
104 ornemans   1
105 2 Pluvinel   1
112 Prudhon une — pensée M. Dubois   6
126—127 Watteau   5
       8 pièces du Musée   2
                                             ___
                                             3 5
                                               1
                                             ___
                                             3 7

51 **Bromley**, d'ap. Corbould. The parting hour.

52 **Callot**. Le brelan, Bohémiens, Costumes, Misères de la Guerre, Triomphe de la Vierge. 17 p. par et d'après.

53 **Canova** (d'ap.). Statues par Fontana, Marchetti, etc. 6 p.

54 **Carey**, d'ap. Valentini. Jeanne d'Arc attaquant le fort Saint-Loup devant Orléans. Chine.

55 **Cathelin**, d'ap. Wille fils. La Mauvaise nouvelle, avant la lettre.

56 **Chapron**. Les Loges, d'ap. Raphaël. 23 p.

57 **Chardin** (d'ap.). La Pourvoyeuse.

58 **Claessens**, d'ap. Rembrandt, Steen, Van Dyck et autres. 16 p.

59 **Deburourt**. La Mariée, Chevaux, d'ap. C. Vernet, etc.

60 **Decamps** (D'ap.). Joseph vendu par ses frères, gravé par Desclaux.

61 — Sancho, gravé par Prevost.

62 — Bassets, gravé par L. Laroche.

63 **Delacroix** (D'après Eugène). L'Ermite Copmanhurt et le chevalier, gravé par Prevost.

64 **Deroy**, etc. Vues d'Italie. 26 p.

65 **Desnoyers**. François Ier et sa sœur. Lettre grise.

66 **Drevet**. Léonard Delamet. Beau portrait.

67 **École anglaise**. Master Lambton, avant la l.

68 — Gypsy, avant toutes lettres.

69 **École flamande**. Sujets et paysages. 30 p.

70 **École française**. Diane et ses nymphes au bain. Ép. avant toutes lettres. Grande marge.

71 — Boucher, Cochin, Eisen. Annette et Lubin,
d'ap. Baudouin. 46 p.

72 **École Italienne**, d'après Raphaël et autres,
paysages, etc. 22 p. 2 lots.

73 **Folo**. Angélique et Médor. Vénus et Adonis.
2 p.

74 **Fragonard** (d'après). L'Armoire, gravé par
Coron.

75 **Freeman**. Sujets de mères et enfants, gravés en
couleur. 6 p.

76 **Gavarny** (d'après). Les Coulisses de l'Opéra,
colorié.

77 **Gérard** (d'après). L'Amour et Psyché. Très-grande
estampe, avant la lettre.

78 **Géricault** (par et d'après). Chevaux. 28 p.
Pourra être divisé.

79 **Girardet**, d'après Le Bel. Le Coup de Vent.

80 **Heath**. The lover's quarrel.

81 **Huet** (d'après). Vue de l'intérieur d'une ferme;
Vue d'une fontaine antique. 2 p. gravées en couleur.

82 **Huot**. Jeunesse et Vieillesse de J.-J. Rousseau et
Voltaire. 4 p. rehaussées de couleur.

83 **Ingres** (d'après). Odalisque, par Sudre. Belle
épreuve sur Chine.

84 **Jacottet**. Souvenirs des eaux de Baden-Baden.
30 p. sur Chine.

85 **Jazet**. Portrait en pied de David, peintre, avant
la lettre.

86 **Joubert**, d'après Winterhalter, Penserosa.

87 **Lafosse**. Salomon de Caus. Très-belle lith.

10

4 . 4.50   48   8 . 75   22.   2   22   1.75
4 . 3   28   8   22   1 75   82   1 75

88 **Lami** (d'après Eugène). L'Été et l'Hiver à Paris. Très-jolies vignettes. Plusieurs lots.

89 **Laugier**. Napoléon en pied, d'après David. Très-belle épreuve Chine.

90 **Le Brun** (d'après). Batailles d'Alexandre. 8 p.

91 **Leclerc** (Seb.). Le Temple de Charenton, bâti à neuf en 1624. — Coupe intérieure. — Démolition en novembre 1685. 3 p. rares.

92 **Léon Noël**. Le Pont d'Amour, d'ap. Schlesinger.

93 — Retour au Chalet. — Repos des Moissonneurs. 2 p. d'ap. Guet.

94 **Leroux**, d'après Ducis. Le Rendez-vous et la Fuite de Bianca Capello. 2 p.

95 **Marie-Caroline**, fecit 1823 (Duchesse de Berry). Vue du château de Rosny, lith. par S. A. R. même. Très-belle épr. rare.

96 **Martinet**. La Rêverie et Mélancolie, par Jouanin.

97 — Sara la Baigneuse.

98 — Voltaire et Mlle du Noyer.

99 **Marvy**, d'ap. Dupré et Rousseau. 2 p.

100 **Mecou**, d'ap. Boisfremont. L'Amour et Psyché, Vénus et Ascagne. 2 p. avant la l. Chine.

101 **Menjaud** (d'après). La Communion de la Reine à la Conciergerie. Grande pièce historique.

102 **Mouilleron**. Incendie d'un quartier juif, épr. signée par l'artiste (d'après Robert Fleury).

103 **Norblin** et autres, d'apr. Rembrandt. 15 p.

104 **Ornements** divers. 9 p.

105 **Passe** (C. de). Deux pièces tirées de Pluvinel.

106 **Pater** (d'ap.). Les Aveux indiscrets.

107 **Pauquet**, d'ap. Ducis. Mme de Lavallière et la
Reine, et pendant, avant la l. Chine. 2 p.

108 **Porporati**. Le Coucher, d'ap. Vanloo.

109 **Portraits** gravés. Les Beautés de l'Opéra. Plusieurs lots.

110 **Prudhon**. La Famille Malheureuse, lith. originale, tirée de l'Album.

111 — Le Garçon avec le Chien. Lith. originale.

112 — Une Pensée; Jeune fille embrassant une Colombe.
Superbe épreuve.

113 **Reynolds**. Rev. Rob. Housman.

114 **Reynolds**, d'après Stephanoff. Le Retour, avant
la lettre.

115 **Rollet**. Charles VII consolé par Odette.

116 **Roux** aîné. Très-grande pièce, fragments d'architecture. Lith.

117 **Rubens** (d'ap.). Jésus au Jardin des Oliviers; les
Pères de l'Église. 2 p.

118 **Ruhierre**, d'après Menjaud. Henri IV chez Mi-
chaud, avant la l.

119 **Say**, d'ap. Fradelle. Elisabeth et lady Jane Grey. 2 p.

120 **Sixdeniers**. Le Christ docteur, d'ap. Johannot.

121 — Le Départ; le Retour. 2 p.

122 **Soulange Tessier**, d'ap. Duval Lecamus. Bénédiction des Orphelins; les Présents de Noces. 2 p.

123 **Strange**. Apollon couronnant le mérite; Libé-
ralité et modestie. 2 p.

124 **Teniers** (d'ap.) et autres. 10 p.

125 **Vignettes** anglaises et françaises. Plusieurs lots.

126 **Watteau** (d'ap.). Sous un habit de Mezetin. Sub.
épr., marge. Gravé par Thomassin.

16.   1.50   32   2.75
16.   1 75
32

~~Surnumeraire~~ enfant 1.75   ~2.50
Dubois

87.   2.50 |100. 3.|100. 5.50

11 p. 2.50
12 p. 1 50
12 p. 1.50
12 p. 1.75

127 — Le Pénitent, par Filleul.

128 **Wille** (J.-G.). La Gazetière hollandaise. — Mort de Cléopâtre. — Mort de Marc-Antoine. 3 p.

129 **Wouvermans** (D'après). Compositions avec chevaux, gravées par Moyreau et autres. 53 p. Pourra être divisé.

129 — Vues de châteaux et batailles historiques. Environ 30 p.

131 — Vues de Paris, France et étrangers, prises au daguerréotype. 46 p.

132 **Lithographies**. Vues de Paris et ses environs, etc. Environ 40 p.

133 — Vues de France, Italie, etc., et à deux teintes, etc. 40 p. Sera divisé.

134 — Paysages suisses et grandes pièces, d'après des maîtres anciens.

135 **Chevaux**, par Amiel. 5 p. coloriées.

136 — par Adam, et autres. 6 p. noir et couleur.

137 — par Chalons, scènes, 4 p. Proof Chine.

138 — par Lalaisse. Étalons. 4 p. avec teinte.

139 **Sujets de genre**, par Deveria, Ferrogio, Grenier, Madou, etc. Environ 80 p. Sera divisé.

140 Bustes et sujets gracieux de jeunes filles en noir et couleur. 23 p.

141 — In Pace, d'ap. Jacquand. — Mort du précurseur, d'ap. Glaize. — Marche d'animaux, d'après Troyon, etc. — Et autres bonnes lithogr. Formera plusieurs lots.

142 **Marines**. Gudin, Durand Brayer, Morel Fatio. 14 p. noir et couleur.

143 — Bombardement de Tanger, Mogador et autres. 13 p. noir et coul., par Mayer, Gudin, etc.

144 **Portraits** lithographiés

145 **Lithographies** coloriées. Les jeux innocents. 15 p

146 — Musée des Rieurs, Ferrogio, Valerio. etc. 12 p.

147 — Le Protégé. — Le Protecteur. d'ap. Moreau. Belles pièces, d'après Compte Calix, Soulange Tessier, Anaïs Toudouze, etc., etc. Formera plusieurs lots.

148 **Costumes** militaires français, par A. de Marbot et de Noirmont. 6 p. coloriées.

149 **Costumes** bretons, par Célestin Deshaies, et autres. 9 p. coloriées.

DESSINS

150 — Paysages, études, fragments. 36 p.

151 — Figures, académies, têtes, etc. 67 p.

152 — Ornements, architecture. Environ 30 p.

153 — Costumes militaires xviii siècle, etc., 15 p.

154 — Etudes d'animaux, chiens, brebis, chèvres, bœufs, lion, etc. 74 p.

155 — Etudes savantes de chevaux, par Brunot. Têtes, jambes, écorchés, squelettes, cheval entier en diverses attitudes. Plus de 240 p. Pourra être divisé.

156 Sous ce numéro, se vendront les lots non catalogués.

Rssou et Maulde, Imprimeurs de la Compagnie des Commissaires-Priseurs. rue de Rivoli, 144.   7000

[illegible]

34 [illegible]   2
36 [illegible]   1
10 [illegible]   1
10 [illegible]   . 75
11 [illegible]   2
12 [illegible]   8 25
100 [illegible]
8 [illegible]   7 [illegible]
8 [illegible]   2
[illegible]   [illegible]
[illegible]   [illegible]
[illegible]   [illegible]
[illegible]   [illegible]
[illegible]   [illegible]
[illegible]   1 75
[illegible]
[illegible]   [illegible]
33 [illegible]   8 [illegible]
34 [illegible]   1 [illegible]
[illegible]   1 [illegible]
[illegible]   1 [illegible]
[illegible]   1 [illegible]
[illegible]   1 50
[illegible]   2
33 [illegible]   2